Investissement 2021-2022

Guide du marché financier pour les débutants (actions, obligations, ETF, fonds indiciels et REIT - avec 101 conseils et stratégies de trading)

Le livre moderne des finances personnelles

Editions Option-Forex & Russell Future

Introduction

Vous voulez apprendre à investir ?

Investir peut être une tâche décourageante. Il n'est pas facile de savoir par où commencer, ce qu'il faut faire ensuite, ou combien de temps et d'argent il faut investir.

Investir sur les marchés financiers peut être une tâche ardue pour quiconque. Mais ce n'est pas une fatalité ! Ce guide vous apprendra tout ce que vous devez savoir sur les actions, les obligations, les ETF, les fonds indiciels et les REIT. Il comprend également 101 conseils et stratégies de trading qui vous aideront à rendre votre expérience d'investissement plus réussie.

Apprenez les bases de l'investissement dans ce livre, de sorte que lorsque le moment sera venu de prendre des décisions concernant vos investissements, vous aurez une idée de ce qui se passe dans les coulisses.

Avec ce guide à vos côtés, vous saurez toujours ce qui se passe sur le marché et comment tirer le meilleur parti des opportunités qui se présentent.

Qu'il s'agisse d'épargner pour la retraite ou de disposer de liquidités supplémentaires, nous vous montrons comment commencer à investir dès aujourd'hui ! Et s'il y a des questions en cours de route ?

Table des matières

Introduction 2

Table des matières.. 3

Avis de non-responsabilité 5

Bulletin d'information.. 6

Investir pour les débutants................................. 8

Qu'est-ce qu'un indice boursier ?........................ 11

Quels sont les coûts d'un ETF ? 14

Qu'est-ce que la diffusion ?................................. 27

Signification des investissements 28

Investir dans des actions 29

Investir dans des obligations 30

Investir dans des obligations - explications et conseils 32

Acheter des actions - comment faire ?................. 49

Qu'est-ce qu'un courtier ?.................................... 50

Commencer à investir - quelles actions acheter ?.............. 52

Investir dans des fonds indiciels ou des ETF....................... 54

Autres formes d'investissement........................... 61

Investissement durable 68

ETF durables : les meilleurs fonds ?.................... 77

Risques liés aux investissements en actions...................... 79

Rééquilibrage pour un retour sur investissement maximal . 87

Risques généraux d'investissement...................... 93

Rendement des investissements 96

Quel est le bon moment pour acheter des actions ? 97

Vendez ! 98

Piliers de la stratégie d'investissement 103

Conclusion 104

Jargon 105

FAQ 106

Avis de non-responsabilité

L'auteur et l'éditeur de ce livre ne sont pas des conseillers professionnels. Vous restez seul responsable de tout préjudice que vous subissez en suivant les conseils ou en suivant les informations de ce site. Les informations contenues dans ce livre comprennent l'opinion personnelle de l'auteur ; il ne s'agit pas de conseils d'investissement et leur but est uniquement informatif et éducatif. Avertissement : Investir comporte des risques, vous pouvez perdre votre dépôt (en partie).

Bulletin d'information

Voulez-vous faire plus avec votre argent ?

La lettre d'information électronique Investing 2021-2022 est une lettre d'information hebdomadaire qui fournit aux lecteurs des conseils et des stratégies sur le trading, les actions, les obligations, les ETF, les fonds indiciels, les REIT, les options de contrats à terme, les cryptocurrences et bien plus encore.

Nous nous engageons à fournir à nos lecteurs les meilleures informations disponibles, honnêtes et transparentes, afin qu'ils puissent investir judicieusement.

Vous recevrez très prochainement le premier numéro de la lettre d'information électronique Investir 2021-2022. Il est 100% gratuit, donc rien ne vous empêche de l'essayer !

Vous pouvez vous désinscrire à tout moment si vous n'aimez pas ce que nous vous envoyons ou si vous souhaitez simplement faire une pause. Aucune question n'est posée !

Nous espérons qu'après avoir lu nos courriels, vous serez en mesure de saisir les opportunités avant qu'elles ne se présentent et de rester au courant de toutes les dernières nouvelles en matière d'investissement. Nous sommes là pour vous aider à rendre votre parcours d'investissement aussi facile que possible !

Inscrivez-vous maintenant. Inscrivez-vous à notre newsletter en utilisant ce lien !

https://campsite.bio/stellarmoonpublishing

Investir pour les débutants

Une façon très populaire d'investir, que nous abordons en particulier dans ce livre, est d'investir dans des actions ou des obligations. Les **ETFs** et les **fonds indiciels** sont également couverts.

Commencer à investir de cette manière est une étape pour de nombreuses personnes qui n'ont aucune expérience dans ce domaine. Mais aujourd'hui, investir dans des actions ou des obligations est devenu très accessible et facile. Apprendre à investir n'est plus aussi difficile et beaucoup plus facile qu'il y a 10 ou 20 ans.

Investir pour les débutants n'est pas difficile de nos jours. Investir dans de bons **ETF**, bon marché et largement diversifiés est accessible à tous. Et saviez-vous que cela a produit des rendements moyens d'environ **6-7% par an au cours des** dernières décennies ?

Grâce aux courtiers d'aujourd'hui, il est déjà possible d'investir dans plus de 3 000 actions dans le monde sans frais de transaction en investissant dans un seul ETF.

Qu'est-ce qu'un ETF ?

Un ETF est un fonds négocié en bourse. Un ETF est un fonds qui est négocié sur une bourse.

Un FNB est un fonds commun de placement qui cherche à obtenir exactement le même rendement et le même risque qu'un **indice boursier** particulier. Des exemples d'indices boursiers sont le S&P500 et l'indice MSCI World.

Les FNB investissent dans les mêmes actions ou obligations que celles qui figurent dans l'indice. Ils le font dans la même proportion qu'ils sont inclus dans l'indice. Comme un ETF a la même composition que l'indice, l'évolution de la valeur du fonds suit également celle de l'indice.

Cette méthode d'investissement est également connue sous le nom d'investissement passif. Cela est dû au fait que l'indice est suivi passivement et qu'il n'y a pas de tentative active de le battre. Dans ce dernier cas, d'ailleurs, pratiquement aucun fonds d'investissement actif ne réussit à long terme.

Le coût d'un investissement dans un ETF est souvent relativement faible, notamment par rapport aux fonds communs de placement gérés activement. En conséquence, l'investissement dans les ETFs gagne énormément en popularité.

Qu'est-ce qu'un indice boursier ?

Un indice boursier est la moyenne des prix des titres, tels que les actions ou les obligations, qui composent l'indice boursier. Un indice boursier est une mesure de l'humeur du marché boursier.

Qu'est-ce que l'indice MSCI World ?

L'indice MSCI World regroupe les 1650 plus grandes entreprises par capitalisation boursière (voir ci-dessous) de 23 pays développés. Les marchés émergents, dont par exemple le géant de la croissance qu'est la Chine, n'y participent pas. Soixante pour cent des investissements de cet indice sont réalisés dans des sociétés américaines.

Ainsi, par rapport au marché mondial, où les États-Unis représentent un peu moins de 50 % de la capitalisation boursière, les États-Unis sont assez surreprésentés.

Étant donné que seules les 1650 plus grandes entreprises mesurées par la capitalisation boursière sont suivies, les petites entreprises sont à peine représentées. La capitalisation boursière moyenne de l'indice MSCI World est de 18,2 milliards, la plus petite entreprise ayant une capitalisation boursière de 435 millions d'euros.

L'indice n'a que 0,14% d'exposition aux petites capitalisations boursières.

Types d'indices boursiers

Les indices peuvent être composés de différentes manières. Il existe des indices qui incluent et excluent les dividendes. En outre, le même indice peut exister dans différentes devises, comme le dollar ou l'euro. Il y a exactement les mêmes actions dans l'indice dans les deux cas. La seule différence est que le rendement est calculé dans deux devises différentes.

Il existe également de nombreux indices pour les obligations, par exemple pour les obligations d'État ou d'entreprise ou pour les obligations ayant une certaine échéance.

Qu'est-ce que la capitalisation boursière ?

La capitalisation boursière est la valeur totale des actions d'une entreprise en fonction de son cours. La capitalisation du marché est également appelée capitalisation boursière. On peut calculer la capitalisation boursière en multipliant le nombre d'actions en circulation par le prix du marché.

Quels sont les coûts d'un ETF ?

Le coût d'un investissement dans un ETF comprend les coûts du fonds (TER, coûts de transaction internes), les coûts fiscaux (fuite de dividendes) et les frais de courtage.

Frais des fonds ETF

Un ETF est émis par une société de fonds, telle que **Vanguard** ou **iShares**. La maison de fonds facture des frais annuels. C'est ce qu'on appelle souvent la commission du fonds. Ces frais de fonds se composent de plusieurs éléments différents.

Frais des fonds ETF : TER

Le poste le plus connu des dépenses du fonds est le TER. Qu'est-ce que le TER ? C'est l'abréviation de Total Expense Ratio. Il comprend les salaires des gestionnaires de fonds, les frais de marketing, de comptabilité et les frais juridiques.

Le célèbre ETF **VWRL** de Vanguard a un TER de 0,22% par an. Ainsi, pour chaque 100 $/euro que vous investissez dans le VWRL, vous devez verser 22 cents par an à Vanguard pour la fourniture du fonds. Vous n'avez pas à remettre ces 22 cents à Vanguard, vous n'avez rien à faire pour les remettre. Ces frais sont automatiquement répercutés sur le prix de l'ETF.

Le TER d'un ETF peut être trouvé dans la fiche d'information ou dans les informations clés pour l'investisseur, qui sont obligatoires pour chaque ETF.

Frais de fonds ETF : frais de transaction interne

Un ETF d'actions doit occasionnellement acheter ou vendre des actions afin de suivre correctement l'indice qu'il imite. En général, ces coûts sont d'environ 0,03 % par an. Ces coûts ne font normalement pas partie du TER. Ces coûts sont également incorporés automatiquement dans le prix du fonds.

Les coûts de transaction internes sont plus difficiles à trouver. Ils sont parfois mentionnés dans le rapport annuel d'un ETF. La règle de

0,8% * taux de rotation du portefeuille est souvent utilisée pour estimer les coûts de transaction.

Revenus des prêts de titres

Les ETF empruntent souvent les titres sous-jacents pour récupérer une partie des coûts du fonds. Pour VWRL, le rendement annuel de cet emprunt est de 0,007 %. On pourrait soustraire ces rendements des frais du fonds pour calculer les frais nets du fonds, mais cela ne change pas grand-chose au fait que les rendements sont si faibles.

Coûts fiscaux de l'ETF

Les actions qui composent un FNB versent souvent des dividendes une ou plusieurs fois par an. Selon le pays de résidence de la société qui a émis les actions, un montant d'impôt est retenu sur les dividendes. Une partie de ce coût fiscal est souvent récupérable et une partie ne l'est pas.

Cette partie non récupérable est également connue sous le nom de fuite de dividendes. En général, la fuite de dividendes est d'environ 0,3

% par an pour un FNB d'investissement diversifié au niveau mondial. Il en va de même pour le VWRL.

Vous pouvez investir dans un ETF par l'intermédiaire d'une banque ou d'un courtier. Un certain nombre de plateformes vous permettent d'investir dans l'ETF mondialement diversifié VWREL sans frais de courtage ou de banque.

Qu'est-ce qu'un fonds indiciel ?

Un fonds indiciel est un fonds commun de placement qui cherche à obtenir exactement le même rendement et le même risque qu'un **indice boursier** particulier. Pour ce faire, le fonds imite cet indice. Les fonds indiciels investissent dans les mêmes actions ou obligations que celles qui figurent dans l'indice. Ils le font dans la même proportion qu'ils sont inclus dans l'indice.

Comme un fonds indiciel a la même composition que l'indice, l'évolution de la valeur du fonds suit également l'évolution de la valeur de l'indice.

Qu'est-ce qu'un ETF ?

Un ETF (Exchange Traded Fund) est un fonds d'investissement qui cherche à obtenir exactement le même rendement et le même risque qu'un **indice boursier** particulier.

Quelle est la différence entre un fonds indiciel et un FNB ?

Les termes ETF et fonds indiciels sont souvent utilisés pour désigner le même type de fonds. Officiellement, il existe des différences entre un fonds indiciel et un ETF. Un fonds indiciel peut être négocié une fois par jour. Le prix est déterminé sur la base de la valeur nette d'inventaire (VNA) à la fin de la journée de négociation. Un ETF peut être négocié tout au long de la journée de négociation. Le prix est déterminé sur la base d'un prix d'offre et de demande.

Qu'est-ce qu'un tracker ?

Un tracker est un fonds commun de placement qui cherche à obtenir exactement le même rendement et le même risque qu'un **indice**

boursier particulier. Le terme tracker est souvent utilisé pour désigner à la fois un fonds indiciel et un ETF.

Qu'est-ce qu'un fonds commun de placement géré activement ?

Un fonds commun de placement géré activement est un fonds commun de placement qui essaie de battre le marché. Cela se fait souvent avec l'aide de gestionnaires de fonds et d'équipes de recherche coûteux. Ils le font à un coût moyen d'environ 1 à 2 % par an.

Il a été scientifiquement prouvé qu'à long terme, cela ne réussit guère, voire pas du tout. Les fonds indiciels gérés passivement suivent un indice à un coût d'environ 0,05 à 0,4 %. Par conséquent, ils offrent presque toujours un rendement net supérieur à celui des fonds communs de placement gérés activement sur le long terme.

Un fonds indiciel est un fonds commun de placement qui, comme un FNB, cherche à obtenir exactement le même rendement et le même risque qu'un **indice boursier** particulier. Pour ce faire, le fonds imite cet indice.

Voici quelques-uns des aspects qui font d'un fonds indiciel un bon fonds :

1. Faible coût

L'effet de la hausse des coûts est largement sous-estimé par beaucoup.

Un coût supplémentaire de "seulement" 0,1 % peut sembler peu. Mais si vous investissez pendant 30 ans avec un rendement historique du marché boursier de 7 % par an au cours des dernières décennies, ce 0,1 % ne se traduit pas par 30 * 0,1 % = 3 % de rendement en moins, mais par 21 % de rendement en moins sur votre dépôt.

Cela fonctionne comme suit : Avec 100 000 $/euro investis pendant 30 ans avec un rendement boursier de 7 % par an, au bout de 30 ans, l'investisseur dispose de 761 225 $/euro. Avec une commission de 0,1%, cela signifie un rendement de 6,9%.

Après 30 ans, cela représente 740 169 euros. Une différence de rendement de plus de 21 000 € sur le dépôt de 100 000 € avec seulement 0,1 % de frais supplémentaires ! C'est donc un énorme 21% de rendement en moins au lieu de 3% de rendement en moins sur votre dépôt.

Outre les frais facturés par le fonds indiciel luimême, les frais de transaction, les frais de garde et autres jouent un rôle important.

2. Diffusion mondiale.

Certaines personnes ne veulent pas dépendre des bonnes ou mauvaises performances d'une seule entreprise. Pas même sur un secteur spécifique d'entreprises. Pas même sur les entreprises opérant dans un pays spécifique. Pas même sur les entreprises opérant sur un continent spécifique.

La part des États-Unis dans la croissance économique mondiale commence à être absorbée par les économies asiatiques en pleine expansion. Il est impossible de prédire où la croissance se produira ou s'essoufflera.

Par conséquent, il peut être judicieux d'investir le plus largement possible, en diversifiant au niveau mondial dans tous les secteurs.

3. Réplication physique.

Certaines personnes n'investissent que dans des fonds indiciels qui ont réellement les actions et obligations sous-jacentes dans leur portefeuille. Ces types de fonds indiciels sont également appelés fonds indiciels à réplication physique.

Certaines personnes n'investissent pas dans des fonds indiciels qui reproduisent des positions d'actions ou d'obligations qui devraient figurer dans l'indice par le biais de constructions vagues telles que des produits dérivés. Il s'agit de fonds indiciels à réplication synthétique, qui profitent principalement aux émetteurs et aux banques elles-mêmes.

4. Perte minimale de dividendes.

En fonction du pays de résidence d'un fonds et des accords fiscaux que le pays en question peut ou non avoir conclus avec votre pays de résidence, vous paierez plus ou moins d'impôts sur vos dividendes.

En moyenne, vous devez faire face à environ 0,1-0,2 % de frais sur votre capital investi dans des fonds indiciels d'actions. En effet, vous ne pouvez pas récupérer auprès des autorités fiscales une partie de l'impôt sur les dividendes retenu par le fonds. C'est ce qu'on appelle la **fuite des dividendes**.

5. Un fonds doit être important et efficace

Le Vanguard Total International Stock ETF (VXUS) et le Vanguard Total Stock Market ETF (VTI) sont des fonds d'actions qui méritent d'être pris en compte dans votre portefeuille.

En combinant VXUS et VTI dans un rapport de 1:1, vous avez la même exposition au marché boursier mondial que si vous preniez le Vanguard Total World Stock ETF (VT). Mais avec environ 0,3 % de rendement supplémentaire par an !

Cela peut varier à un rendement moyen de 7% au lieu de 6,7% par an pour des coûts de plus de 61.000 euros de rendement sur 30 ans pour 100.000 euros d'actifs investis !

Comment est-ce possible ?

VT a un coût de 0,14% par an et sous-performe l'indice d'environ 0,24% par an. VTI a un coût de 0,05% et surpasse l'indice de 0,02%. VXUS a un coût de 0,13% et surperforme l'indice de 0,03%.

En effet, VT est un fonds encore plus petit (9 milliards de dollars d'actifs sous gestion) que VTI (460 milliards de dollars d'actifs sous gestion) et VXUS (219 milliards de dollars d'actifs sous gestion). Cela permet à VTI et VXUS d'être beaucoup plus rentables. Ils suivent donc plus que fidèlement l'indice largement reconnu. En jargon technique, ils ont une faible erreur de suivi.

La taille d'un fonds détermine également sa liquidité, c'est-à-dire le coût auquel le fonds peut être acheté et vendu. Un ETF liquide a généralement des actifs sous gestion d'un milliard d'euros ou plus et présente donc de faibles **écarts**.

6. Le fonds indiciel doit suivre avec précision un indice largement reconnu.

Le Think Global Equity UCITS ETF est un exemple de fonds indiciel alternatif d'actions mondiales. Cependant, ce fonds indiciel présente un écart de suivi élevé. En outre, il suit un indice qui n'est pas largement reconnu. Il suit un indice créé par l'émetteur lui-même, à savoir l'indice Think Global Equity.

Par rapport à cet indice, le fonds présente un écart de suivi important d'environ 1,2 % par an. Cependant, c'est un fonds qui ne souffre pas de perte de dividendes, ce qui est avantageux. Les coûts annuels sont raisonnables à 0,2%.

Quelle est la différence entre un fonds indiciel et un FNB ?

Les termes ETF et fonds indiciels sont souvent utilisés pour désigner le même type de fonds. Officiellement, il existe des différences entre un fonds indiciel et un ETF. Un fonds indiciel peut être négocié une fois par jour. Le prix est déterminé sur la base de la valeur intrinsèque (également appelée valeur nette d'inventaire ou VNI) à la fin de la journée de négociation. Un ETF peut être négocié tout au long de la journée de négociation. Le prix est déterminé par un cours acheteur et un cours vendeur.

Qu'est-ce qu'un tracker ?

Un tracker est un fonds commun de placement qui cherche à obtenir exactement le même rendement et le même risque qu'un **indice boursier** particulier. Le terme tracker est souvent utilisé pour désigner à la fois un fonds indiciel et un ETF.

Qu'est-ce qu'un fonds commun de placement géré activement ?

Un fonds commun de placement géré activement est un fonds commun de placement qui essaie de battre le marché. Cela se fait souvent avec l'aide de gestionnaires de fonds et d'équipes de recherche coûteux. Ils le font à un coût moyen d'environ 1 à 2 % par an. Il a été scientifiquement prouvé que cela n'a que peu ou pas de succès à long terme. Les fonds indiciels gérés passivement suivent un indice à un coût d'environ 0,05 à 0,4 %. Par conséquent, ils offrent presque toujours un rendement net supérieur à celui des fonds communs de placement gérés activement sur le long terme.

Qu'est-ce que la diffusion ?

L'écart est la différence entre le cours acheteur et le cours vendeur d'une action ou d'un autre titre particulier. Si vous voulez vendre une action à la bourse, vous obtenez le prix de l'offre. Si vous voulez acheter une action, vous payez le prix demandé. Le prix demandé est légèrement supérieur au prix offert. La différence entre les deux est l'écart.

Vous pouvez considérer l'écart comme faisant partie de vos coûts de transaction.

Plus une action particulière est négociée, plus l'écart est faible.

Pour l'indépendance financière, **l'investissement à long terme est une** stratégie éprouvée. À long terme, le spread a peu d'impact sur le résultat de l'investissement. En effet, il s'agit d'un coût unique à l'achat qui n'est pas répété chaque année.

Signification des investissements

L'investissement est une forme de placement dans laquelle de l'argent est engagé pour une période plus ou moins longue dans le but d'obtenir un avantage financier dans le futur. On peut considérer qu'il s'agit de renoncer à certaines sommes d'argent en échange d'un revenu incertain à l'avenir.

Qu'est-ce qu'une action et qu'est-ce qu'une obligation ?

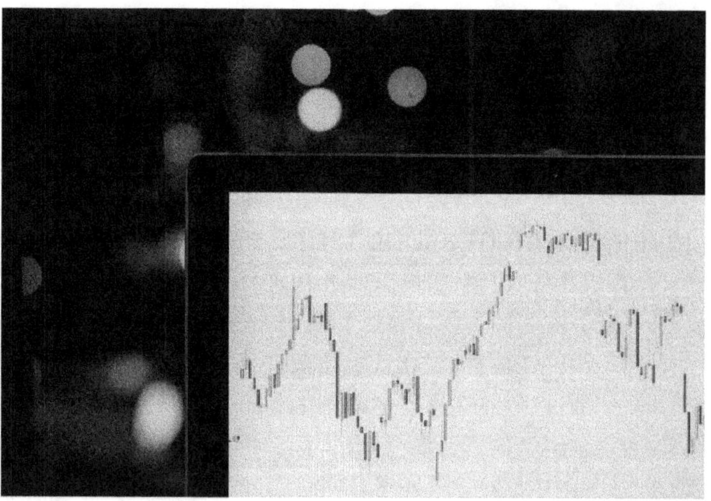

Investir dans des actions

Une action dans une société est un titre qui vous donne certains droits sur la société. Vous devenez une sorte de copropriétaire de l'entreprise. Par exemple, vous pouvez avoir votre mot à dire dans les affaires de la société par le biais de l'assemblée des actionnaires. Et vous avez également droit à une part des bénéfices de l'entreprise, souvent versée sous forme de **dividendes**. Une action ne produit pas d'intérêts.

Investir dans des obligations

Une obligation est la preuve que, par exemple, un gouvernement ou une société a une dette envers le propriétaire de l'obligation. Cette dette a été créée parce que le propriétaire de l'obligation a fait un prêt à l'État ou à une entreprise.

Si un gouvernement ou une entreprise a besoin d'argent pour un investissement, par exemple, il peut obtenir un financement en émettant une obligation.

Une obligation a généralement une certaine durée. À la fin du terme, l'émetteur de l'obligation rembourse la dette à la personne qui détient l'obligation.

Pendant la durée de l'obligation, le propriétaire de l'obligation reçoit des intérêts sur la dette. Si une obligation a une échéance de plusieurs années, le propriétaire de l'obligation reçoit généralement des paiements d'intérêts annuels.

Investir dans des obligations. Pourquoi le devriez-vous ? Et dans quelles obligations ?

2021 : Avec les faibles taux d'intérêt actuels, certaines personnes préfèrent placer leur argent sur des dépôts.

Investir dans des obligations - explications et conseils

Les obligations réduisent le risque

Prendre un risque limité avec les investissements est un bon choix, et les obligations de bonne qualité offrent moins de risque que les actions. Vous voulez au moins des obligations de **première** qualité dans votre portefeuille pour réduire votre risque.

Une allocation fixe d'actions/obligations dans un portefeuille peut être judicieuse. Cette répartition est souvent fondée sur le risque. Le goût du risque diminue avec l'âge, car de nombreux investisseurs sérieux veulent pouvoir vivre de leurs gains au fil du temps. La vente pendant un krach boursier est également moins pertinente pour les obligations.

Conseil : utilisez votre âge en tant que pourcentage des obligations de votre portefeuille. En vieillissant, vous vous approchez de la phase de retrait de votre portefeuille. Pendant la phase de retrait, vous voulez vivre en partie du rendement de votre portefeuille et en partie de l'expansion du portefeuille.

Pourtant, il peut être avantageux de ne pas avoir plus de 50% d'obligations dans le portefeuille. Avec moins de 50% d'actions dans un portefeuille, les chances de rendement sont trop faibles et avec un maximum de 50% d'actions pendant la phase de retrait, le risque reste acceptable.

Les liens assurent la stabilité

Volatilité

Une deuxième raison : s'assurer que la volatilité du portefeuille n'est pas trop importante.

La volatilité du portefeuille est également connue sous le nom de volatilité. Les actions constituent un excellent investissement à long terme. Mais à court terme, ils peuvent être très volatils.

Lors du krach boursier de 2008, de nombreux investisseurs ont appris qu'ils ne devaient pas placer tous leurs actifs exclusivement dans des actions. Voir s'évaporer 40 % d'un actif important et ne pas savoir quand le déclin s'arrêtera et quand la reprise suivra, c'est trop pour beaucoup de gens.

Avec les seules actions, la volatilité peut être trop importante et stressante.

Les obligations sont beaucoup moins volatiles que les actions. Par exemple : Les obligations d'État américaines à cinq ans n'ont jamais baissé de plus de 5 % par an depuis 1926. En outre, la valeur n'a jamais été inférieure au sommet précédent pendant plus de deux ans.

Anticorrélation

En particulier, les obligations d'État ont peu ou pas de corrélation, ou de cohérence, avec les actions. Ou même avoir une anti-corrélation. En d'autres termes, le prix des obligations d'État évolue peu ou pas du tout avec le prix des actions, voire dans le sens inverse. Si le prix des actions augmente, le prix des obligations d'État peut baisser.

Les obligations d'entreprises sont plus corrélées aux actions que les obligations d'État, notamment lors des baisses des marchés boursiers.

Actuellement, les obligations d'État ont une corrélation négative, ce qui signifie qu'elles prennent de la valeur dès que les actions baissent. Les obligations d'État, en particulier, peuvent donc être utilisées pour stabiliser un portefeuille d'actions.

Utiliser les obligations pour rééquilibrer

Troisièmement, les investisseurs utilisent les obligations pour se rééquilibrer.

Par exemple, lorsque le cours des actions baisse fortement, ils vendent des obligations et achètent des actions. Ou l'inverse. De cette façon, le ratio actions/obligations reste adapté à leur goût du risque.

Le rééquilibrage, cependant, ne fournit pas de rendement supplémentaire.

Il n'est donc pas nécessaire de procéder à un rééquilibrage pour obtenir des rendements supplémentaires. Mais le rééquilibrage est nécessaire si vous voulez que le profil de risque de votre portefeuille reste conforme à votre goût du risque.

Obligations : rendement

Rendement

Avec les obligations, il faut faire face à différentes échéances. Une obligation peut avoir une durée de quelques mois à plus de 30 ans.

En fonction de la durée, un taux d'intérêt est payé. Ce taux d'intérêt est également appelé rendement. Le rendement indique le montant des intérêts que vous recevez si vous détenez une obligation pendant un an.

Les échéances plus longues rapportent généralement un taux d'intérêt plus élevé sur l'obligation que les échéances plus courtes. Pour les échéances plus longues, le risque d'inflation est plus élevé. Pour compenser ce risque plus élevé, le taux d'intérêt est plus élevé pour les échéances plus longues.

Rendement à l'échéance

Le rendement à l'échéance (abrégé YTM), ou
rendement à l'échéance, est une mesure utile
pour comparer les rendements d'obligations
de différentes échéances. Le YTM est
généralement représenté comme un taux
d'intérêt annualisé.

Contrairement au rendement, le YTM prend
également en compte la valeur actuelle des
paiements d'intérêts futurs sur une obligation.
Pour plus d'informations sur le contexte et la
formule d'accompagnement, vous pouvez vous
rendre **ici**, par exemple.

Courbe de rendement

La courbe de rendement d'une obligation
correspond à l'évolution du taux d'intérêt en
fonction de l'échéance, représentée sur un
graphique. Voici la courbe de rendement des
obligations d'État américaines :

L'axe des x indique l'échéance des obligations
en années (y = année), l'axe des y le taux
d'intérêt correspondant. L'image montre une
courbe croissante au fur et à mesure que la
maturité s'allonge. Cette situation est courante
et s'appelle une courbe de rendement
croissante.

Il arrive que l'on doive faire face à une courbe de rendement inclinée vers le bas. Ce phénomène ne dure généralement que pendant une courte période et est appelé courbe de rendement inversée.

Voici également la courbe de rendement des obligations d'État européennes de la plus haute qualité (AAA) telle qu'elle se présente actuellement :

La hausse des taux d'intérêt fait baisser le prix des obligations

Les risques auxquels on s'expose en détenant des obligations sont principalement que l'emprunt ne soit pas remboursé et que le prix baisse lorsque les taux d'intérêt augmentent.

L'achat d'obligations de bonne qualité, c'est-à-dire au moins de qualité "investment grade", réduit le risque que le prêt ne soit pas remboursé.

Le risque de hausse des taux d'intérêt fonctionne comme suit :

Supposons que vous ayez une obligation avec un taux d'intérêt de 4% et une échéance de 5 ans. Maintenant, le taux d'intérêt du marché passe de 4 à 5 %. De même, les obligations nouvellement émises paieront un intérêt de 5 % au lieu de 4 %. Par exemple, vous pouvez maintenant acheter une obligation avec un taux d'intérêt de 5% et une échéance de 5 ans. L'obligation avec un taux d'intérêt de 4% que vous aviez déjà vaut moins.

Cette baisse de prix est proportionnelle à la maturité moyenne de votre obligation. Par exemple, si votre obligation a une échéance de 5 ans, une augmentation de 1% du taux d'intérêt entraîne une diminution d'environ 1% * 5 = 5% du prix de l'obligation.

Vous pouvez donc réduire le risque de dévaluation due à la hausse des taux d'intérêt en raccourcissant l'échéance de vos obligations.

Juste une remarque : fonds obligataire ou obligations simples lorsque les taux d'intérêt augmentent ?

Pour vous mettre à l'abri des baisses de prix de votre obligation dues à des hausses de taux d'intérêt, vous pouvez la conserver jusqu'à la fin de l'échéance. Ensuite, vous recevez la valeur nominale et, entre-temps, vous venez de recevoir les paiements d'intérêts.

Toutefois, avec une courbe de rendement ascendante, comme celle que nous connaissons actuellement, il est plus judicieux de détenir un fonds obligataire à échéance moyenne fixe que de séparer les obligations et de les conserver jusqu'à leur échéance. Cela offre plus de rendement. Voir **cette étude intéressante de Kitces pour** plus de détails.

Les obligations ou l'épargne comme composante stable de votre portefeuille ?

Compte d'épargne = obligation d'une durée de 0 an

On peut considérer qu'un compte d'épargne à retrait libre dans une banque néerlandaise est un peu comme une obligation à très faible risque avec une échéance de 0 an. Une obligation d'État néerlandaise ou allemande peut être considérée comme une obligation à très faible risque. Le taux d'intérêt du compte d'épargne à retrait libre aux Pays-Bas correspond à cette situation et se situe actuellement autour de 0-0,35%.

Plus long terme = plus de rendement

Les dépôts sont des comptes d'épargne avec des échéances fixes et plus longues. Les taux d'intérêt sont donc généralement plus élevés que ceux d'un compte d'épargne à retrait libre.

On pourrait dire qu'ils se situent davantage à droite de la courbe des taux qu'un compte d'épargne à retrait libre, qui se situe à gauche de la courbe des taux.

Dépôt = inflexible, obligation = flexible

Cependant, vous êtes généralement lié à ce dépôt pendant toute la durée de celui-ci. En achetant une **échelle de dépôts** (un certain nombre de dépôts avec des échéances croissantes, par exemple un dépôt de 0,5 an, un dépôt de 1 an, un dépôt de 2 ans, etc.) vous devenez plus flexible, mais vous êtes toujours moins flexible qu'avec des obligations librement négociables.

Un avantage d'un fonds obligataire par rapport à un dépôt (échelle) est que vous pouvez le vendre à tout moment, par exemple pour le rééquilibrer en cas de forte baisse ou hausse des actions.

Compte d'épargne temporaire ou dépôts au lieu d'obligations ?

Cependant, avec les faibles rendements actuels (2021), il y a certainement quelque chose à dire pour placer la partie stable de votre portefeuille (en partie) sous forme d'argent en dépôt ou sur un compte d'épargne. De cette façon, vous ne courez pas (ou moins) le risque d'une baisse du prix de votre fonds obligataire lorsque les taux d'intérêt du marché augmentent.

Il peut donc s'agir d'une excellente alternative aux obligations.

Des considérations personnelles peuvent vous faire préférer les obligations.

Investir systématiquement dans des obligations au lieu d'investir temporairement (partiellement) dans l'épargne présente l'avantage pour de nombreuses personnes de ne pas avoir à s'inquiéter du timing du marché.

Les questions auxquelles ces personnes doivent répondre par elles-mêmes sont les suivantes : "Quand dois-je sortir de l'épargne et revenir aux obligations ? Et quand dois-je sortir des obligations et retourner à l'épargne ? Cela peut provoquer de l'anxiété.

Le fait que les obligations soient librement négociables peut également être intéressant. Si l'on veut rééquilibrer, on peut aussi le faire. En fonction de l'échéance des dépôts, l'argent peut ne pas être disponible (immédiatement) pour le rééquilibrage.

Quelques autres considérations qui peuvent jouer en faveur de l'épargne/des dépôts et des obligations :

- Les obligations de première qualité à échéance moyenne rapportent facilement deux fois les intérêts de l'épargne librement disponible.

- Un compte d'épargne ou de dépôt n'a pas de frais de transaction ; un fonds obligataire peut avoir des frais de transaction.

- Dès que les cours des actions baissent fortement, les prix des obligations d'État sûres, en particulier, augmentent généralement. Les gens fuient vers des zones dites sûres. Si vous vendez ensuite les obligations d'État et utilisez le produit de la vente pour acheter des actions, de sorte que le rapport entre les actions et les obligations corresponde à nouveau à votre goût du risque, vous obtenez un rendement plus élevé de la vente. Vous n'obtenez pas ce rendement supérieur avec un compte d'épargne, car sa valeur n'augmente pas dès que la valeur des actions diminue.

Investir dans des obligations - que choisir ?

Les obligations d'entreprise peuvent être meilleures que les obligations d'État car elles offrent généralement des rendements légèrement supérieurs à ceux des obligations d'État pour le même profil de risque, comme l'indiquent les Informations clés pour l'investisseur des deux fonds.

Obligations d'entreprise ou obligations d'État ?

Les obligations d'entreprises se sont avérées plus rentables que les obligations d'État pendant plusieurs périodes de l'histoire.

Les rendements supplémentaires sont principalement dus au fait qu'ils comportent un risque plus élevé. Cela ne correspond donc pas aux informations contenues dans les informations clés pour les investisseurs de l'IEAC et de l'IEGA. Les obligations d'entreprises sont un peu plus proches des actions que les obligations d'État.

Cela peut inciter certaines personnes à abandonner les obligations d'entreprises et à investir exclusivement dans des obligations d'État pour la partie obligataire de leur portefeuille.

Obligations mondiales couvertes par l'euro

Vanguard propose des obligations diversifiées au niveau mondial avec une **couverture en** euros pour les Européens. Cette vision est

basée sur une combinaison d'environ 20 %
d'obligations d'entreprises et 80 %
d'obligations d'État et d'autres prêts garantis
par l'État. Les conclusions s'appliquent
également aux obligations d'État à 100 %.

Un investissement dans des obligations
mondiales vous donne accès à un plus large
éventail de prêts, de marchés, d'économies et
d'environnements inflationnistes. Ainsi, vous
bénéficiez d'une plus grande diversification et
d'un portefeuille plus stable.

Fondamentalement, vous devez exclure les
fluctuations monétaires en couvrant la devise
de votre pays.

Vanguard montre que les obligations
mondiales couvertes par l'euro présentent une
volatilité nettement inférieure à celle des
obligations européennes sur la période 1988-
2017.

Investir dans des obligations à l'échelle
mondiale offre également une diversification
environ 4 fois plus importante que d'investir
uniquement en Europe.

Un autre aspect important est qu'il existe une corrélation assez faible entre les rendements des obligations d'État des différents pays du monde au cours des 50 dernières années. Si les taux d'intérêt augmentent à un endroit, ils peuvent aussi baisser à un autre. Par conséquent, lorsque vous distribuez des obligations d'État au niveau mondial, vous obtenez un portefeuille d'obligations plus stable.

Les obligations d'État européennes uniquement, il y a un risque politique. Parmi les obligations d'État européennes de l'IEGA, environ 22 % sont italiennes et 14 % sont espagnoles. Ces deux pays présentent des risques politiques que tout le monde ne souhaite pas voir représentés dans la part d'obligations stables de son portefeuille d'investissement.

Investir à l'échelle mondiale dans des obligations d'État couvertes en euros permet de répartir les risques.

Xtrackers II Global Government Bond UCITS ETF (DBZB)

Il existe un fonds obligataire mondial diversifié qui investit dans des obligations d'État de qualité "investment grade" au minimum, est adossé à l'euro et détient physiquement les obligations du fonds.

Il s'agit du Xtrackers II Global Government Bond UCITS ETF (ticker : DBZB, code ISIN : LU0378818131).

Ce fonds est récemment passé de la réplication synthétique à la réplication physique.

Acheter des actions - comment faire ?

Les actions et les obligations sont des exemples de ce que l'on appelle des titres. On peut acheter ou vendre de nombreuses actions et obligations sur une bourse.

Pour ce faire, l'action ou l'obligation doit être cotée sur cette bourse. Parmi les bourses les plus connues figure la bourse de New York.

Une action ou une obligation est cotée en bourse à un certain prix. C'est le montant pour lequel vous pouvez acheter ou vendre l'action. Si la valeur de l'entreprise augmente, vous le verrez se refléter dans le prix de l'action, par exemple.

Aujourd'hui, la négociation sur les marchés boursiers se fait essentiellement par voie électronique et numérique. Il n'est pas nécessaire de se rendre à New York pour commencer à y investir.

Investir sur le marché boursier peut se faire par l'intermédiaire d'un **"courtier"**.

Qu'est-ce qu'un courtier ?

Un courtier est un agent de change et peut désigner soit une personne, soit une société. La personne est celle qui négocie en personne, la société est celle qui emploie les négociants. Lorsqu'on parle d'un négociant en bourse, on parle aussi d'un agent de change.

Par l'intermédiaire d'un courtier, vous pouvez acheter et vendre des actions, des obligations, des options et autres sur le marché boursier en tant que particulier. La banque auprès de laquelle vous êtes domicilié joue généralement aussi ce rôle. Aujourd'hui, il existe de plus en plus de sociétés qui ne sont pas des banques mais qui offrent ces services. Ceux-ci travaillent souvent exclusivement en ligne. DEGIRO en est un exemple.

Un courtier travaille toujours pour le compte d'autres personnes. Il ne peut pas faire de transactions boursières pour son propre compte. Il reçoit des ordres d'autres parties telles que des clients privés et des investisseurs institutionnels comme les fonds

de pension. Il tire son revenu de la commission
sur les transactions.

Commencer à investir - quelles actions acheter ?

Lorsque vous commencez à investir dans des actions ou des obligations, vous pouvez le faire dans des actions ou des obligations individuelles. Vous devrez ensuite décider de la ou des entreprises à choisir.

Par exemple, on peut acheter une action gratuite d'Apple.

Cependant, il est pratiquement impossible de choisir des actions gagnantes. Si le marché s'attend à ce qu'une action ou un secteur se porte relativement bien, cela a déjà été pris en compte dans le prix de l'action à ce moment-là. Et de nombreux aspects imprévisibles peuvent influencer le prix, ce qui fait qu'il s'agit le plus souvent d'un pari sur les actions qui se porteront bien.

Les rendements les plus élevés sont obtenus en particulier par ceux qui investissent simplement dans des actifs à faible coût bien diversifiés. De préférence à l'échelle mondiale, afin d'être le moins dépendant possible des

aléas régionaux, par exemple en raison de
l'évolution de la situation politique.

Investir dans des fonds indiciels ou des ETF

Lorsque vous commencez à investir, vous pouvez également choisir d'investir dans des milliers d'entreprises à la fois. Vous n'avez pas besoin d'une grosse somme d'argent pour cela. Vous pouvez le faire avec quelques dizaines d'euros seulement.

Vous pouvez le faire simplement en achetant un fonds commun de placement qui comprend de nombreux titres. Un **fonds indiciel** ou **ETF en est un** exemple.

Quelle est la différence entre un fonds indiciel et un FNB ?

Les termes ETF et fonds indiciels sont souvent utilisés pour désigner le même type de fonds. Officiellement, il existe des différences entre un fonds indiciel et un ETF. Un fonds indiciel peut être négocié une fois par jour. Le prix est déterminé sur la base de la valeur nette d'inventaire (VNA) à la fin de la journée de négociation.

L'acronyme ETF signifie Exchange Traded Fund, c'est-à-dire un fonds qui est négocié sur le marché boursier. Un ETF peut être négocié tout au long de la journée de négociation. Le prix est déterminé sur la base d'un prix d'offre et de demande.

Exemples de fonds indiciels

Un indice de référence est le célèbre indice S&P500. Il contient les 500 plus grandes entreprises des États-Unis. L'évolution de cet indice au cours des dernières décennies se présente comme suit : à court terme, il présente des fluctuations considérables, à long terme, une augmentation constante.

Il existe également des indices dans lesquels toutes les plus grandes entreprises du monde sont représentées. Un fonds indiciel ou un ETF qui suit un tel indice contient donc des actions de milliers de sociétés.

Un bon exemple est le Vanguard FTSE All-World UCITS ETF (**VWRL**). Cela vous permet d'investir dans plus de 3 000 entreprises parmi les plus prospères du monde par le biais d'un seul fonds.

Avantages des fonds indiciels

L'avantage d'investir dans des fonds indiciels ou des ETF est que l'on peut facilement obtenir un investissement bien diversifié à faible coût. Une bonne diversification est nécessaire pour minimiser les risques.

Si une entreprise se comporte mal et que vous avez des actions dans cette entreprise, vous pouvez en souffrir beaucoup. Lorsque cette société figure dans votre fonds indiciel avec des milliers d'autres, elle ne vous affecte guère.

Un autre avantage de l'investissement dans des fonds indiciels est qu'il n'est plus nécessaire de comprendre les marchés et les entreprises pour commencer à investir.

Un autre grand avantage de détenir un fonds indiciel est que les entreprises ayant une mauvaise performance dans l'indice sont automatiquement remplacées par celles ayant une bonne performance. Vous n'avez donc rien à faire vous-même.

Le dernier avantage est le faible coût des fonds indiciels. Des coûts faibles sont nécessaires pour obtenir un bon retour sur vos investissements. L'achat d'actions en vrac est presque toujours plus cher que l'achat d'un fonds indiciel en raison des coûts de transaction plus élevés.

Popularité des fonds indiciels et des ETF

Aux États-Unis, les fonds indiciels et les ETF sont populaires depuis un certain temps. En Europe, ils ont également augmenté ces dernières années. À l'échelle mondiale, plus de **7 700 milliards de dollars** sont désormais investis dans des fonds indiciels et des ETF.

Fournisseurs de fonds indiciels et d'ETFs

Les fonds indiciels et les ETF sont proposés par ce que l'on appelle des maisons de fonds. **Vanguard** est l'un des plus grands fournisseurs de fonds indiciels et de FNB au monde, avec 6,2 trillions de dollars d'actifs investis. **iShares** et **Xtrackers** sont également des fournisseurs réputés.

Vanguard est également la société de fonds qui connaît la croissance la plus rapide au monde. Les flux entrants dans les fonds

Vanguard dans un passé récent sont **estimés à** 289 milliards de dollars en un an.

Une excellente combinaison d'un ETF d'actions et d'un ETF d'obligations est le fonds Vanguard susmentionné et également un ETF d'obligations de Xtrackers :

100% d'obligations d'État du monde entier avec un risque de change couvert par rapport à l'euro : Xtrackers II Global Government Bond UCITS ETF (**DBZB**)

En investissant de cette manière, vous ne serez guère affecté par les mauvaises performances d'une entreprise individuelle. Avec ce portefeuille, vous pouvez obtenir un rendement net moyen de 6 à 7 % sur un certain nombre d'années (bien entendu, il ne s'agit pas d'une garantie).

Nous allons maintenant expliquer pourquoi il peut être judicieux d'avoir un fonds indiciel obligataire dans votre portefeuille en plus d'un fonds indiciel d'actions.

Des obligations en partie ?

Pendant la crise de 2008, de nombreux investisseurs ont appris à placer une part importante de leurs investissements dans des **obligations afin de** conserver une certaine tranquillité d'esprit en cas de chute brutale du marché boursier.

Comme suggéré précédemment, vous pouvez conserver votre âge en tant que pourcentage d'obligations pour votre portefeuille.

La personne X détient une part fixe de 75% d'actions / 25% d'obligations. Le rapport entre les actions et les obligations est principalement déterminé par votre tolérance personnelle au risque. En d'autres termes, il s'agit de savoir dans quelle mesure vous pouvez résister à une chute brutale et soudaine des prix sans sortir du marché.

Lorsque la répartition actions-obligations d'un portefeuille s'écarte de plus de 5 % de la répartition souhaitée, on peut choisir de le rééquilibrer en fonction de la répartition souhaitée.

Les morts sont les meilleurs investisseurs

L'achat et la conservation sans market timing sont-ils vraiment une stratégie éprouvée ? Fidelity a examiné les comptes d'investissement qui ont enregistré les meilleures performances entre 2003 et 2013, y compris pendant la crise de 2008. Les résultats :

1. Le défunt
2. Les personnes qui avaient oublié qu'elles avaient un compte d'investissement

Autres formes d'investissement

Investir dans des comptes d'épargne et par des dépôts

Vous pouvez placer de l'argent à un taux d'intérêt fixe pendant une période déterminée sur un compte d'épargne. C'est relativement sûr, mais cela donne un rendement relativement faible.

Investir dans l'immobilier

L'investissement dans l'immobilier peut se faire, par exemple, en achetant une maison et en commençant à la louer. Pour cela, il faut avoir la connaissance nécessaire du marché pour réussir.

De plus, par cette méthode d'investissement immobilier, il y a relativement peu de diversification et donc un risque relativement élevé.

Vous pouvez également investir via des courtiers dans des fonds qui investissent dans l'immobilier pour vous. Cela vous permet d'obtenir une diversification beaucoup plus importante. Les **sociétés d'investissement immobilier (REIT) en sont un** exemple.

Investir dans les FPI à des fins de diversification

En particulier, les principaux avantages des REIT (*Real Estate Investment Trusts*) sont la diversification qu'ils apportent dans un portefeuille et la protection contre l'inflation.

La diversification du portefeuille est une bonne chose. Vous pouvez choisir de regarder au-delà des actions et des obligations. Mais de temps en temps, la volatilité de certains *actifs durs*, comme l'immobilier et les matières premières, s'accentue. Ce type de hausse à court terme soulève immédiatement des questions sur le risque et le rendement.

Les avantages des FPI résident principalement dans la diversification qu'elles offrent et la protection contre l'inflation. Ces caractéristiques sont plus importantes que des rendements exceptionnels à court terme. Grâce à l'offre mondiale de FPI, les investisseurs peuvent désormais investir dans l'immobilier commercial de manière liquide.

Alors que les actions américaines ont enregistré des résultats exceptionnels l'année dernière, cette année s'avère beaucoup plus difficile. Mais les REITs ont commencé à voler. Rien qu'au cours des trois derniers mois, l'ETF Vanguard REIT a dégagé un rendement de 9 %.

Les REIT, *Real Estate Investment Trusts*, sont des fonds qui tirent leurs revenus d'investissements immobiliers. Ils sont cotés en bourse et négociés comme des actions.

Ils offrent aux investisseurs privés la possibilité d'investir dans l'immobilier commercial. Les immeubles de placement peuvent également offrir une certaine protection contre l'inflation, car les revenus locatifs augmentent en période d'inflation, tout comme la valeur de l'immeuble.

Certains investisseurs optent pour des placements immobiliers diversifiés au niveau international. L'un des avantages est l'écart et la faible corrélation avec le reste du portefeuille et même avec son propre logement.

Sur le long terme, les FPI et les actions offrent des rendements équivalents. De 1990 à 2014, le rendement annualisé de l'indice S&P Global REIT a été de 8,94 %. Au cours de la même période, le S&P 500 a dégagé 9,26 % et l'indice MSCI ALl Country World 6,75 % en rythme annuel.

Sur cette période de 25 ans, la corrélation entre l'indice REIT et le S&P 500 était de 0,61. Avec les *obligations de qualité, la* corrélation est très faible, voire négative. Si vous associez des classes d'actifs à faible corrélation, vous réduisez la volatilité de votre portefeuille. Si vous investissez dans des FPI en plus des actions et des obligations, vous augmentez le rendement ajusté au risque de votre portefeuille.

Investir par le biais du crowdfunding

Le crowdfunding est un mode d'investissement qui consiste à prêter de l'argent à un groupe de personnes, sur lequel vous percevez ensuite des intérêts. Investir dans le crowdfunding est généralement plus risqué que d'investir dans des fonds indiciels car la diversification est bien moindre.

Investir dans l'or

Investir dans l'or, comme dans l'argent, est populaire en période de troubles économiques et politiques. L'or est donc considéré par beaucoup comme une valeur refuge.

Il est relativement facile d'investir dans l'or en achetant un fonds qui investit dans l'or pour vous. Un exemple bien connu est le WisdomTree Physical Gold (ISIN : JE00B1VS3770). Il peut être acheté ou vendu à tout moment de la journée pendant les heures d'ouverture de la bourse.

À long terme, investir dans des actions est généralement plus rentable que d'investir dans l'or.

Investir dans les crypto-monnaies

Investir dans les crypto-monnaies, comme investir dans le **bitcoin**, est considéré par certains comme responsable et par d'autres comme une spéculation irresponsable.

Investir dans les crypto-monnaies comporte des risques relativement élevés ; les prix sont soumis à de fortes fluctuations.

Investissement durable

L'investissement durable est en plein essor. Toutefois, certains points doivent être pris en compte.

FNB durables : catégories

Au sein des ETF durables, il existe plusieurs catégories.

- Fonds ESG
- Fonds ISR
- Investissements à impact.

Investissements durables avec des critères ESG

Que sont les critères ESG ?

Les critères ESG sont des normes de conduite des affaires dans les domaines (E = Environnement), (S = Social) et (G = Gouvernance) que les investisseurs peuvent utiliser pour sélectionner des investissements potentiels. L'objectif principal d'une évaluation ESG est de déterminer l'impact des critères ESG sur la performance financière.

L'impact sur la durabilité n'est pas crucial.

Différences entre les ETF ESG

Lorsque deux ETF ont tous deux le terme ESG dans leur nom, cela ne signifie pas qu'ils sont composés en utilisant les mêmes critères ESG.

Une énorme machine marketing est actuellement à l'œuvre dans le secteur durable de l'industrie financière. Aujourd'hui, aux États-Unis, les ETF ordinaires, non ESG, ne coûtent souvent déjà qu'environ 0,02 % de frais par an (0 % est même courant). Les alternatives ESG sont souvent négociées à des taux environ 10 fois plus élevés.

Agences de notation ESG

Tout d'abord, il existe plusieurs entreprises qui créent des critères et des indices ESG, que les ETF suivent ensuite. Ces entreprises sont appelées agences de notation ESG. Les critères ESG utilisés par chaque agence de notation ESG sont différents, et les intérêts commerciaux de l'agence et du fonds noté peuvent jouer un rôle.

Le manque de convergence et la transparence
(parfois) médiocre des notations et
classements ESG sont parfois dénoncés.

*Remarque : lorsque MSCI attribue à une
entreprise un score ESG élevé, cette même
entreprise peut obtenir un score bien inférieur
à la moyenne dans Sustainalytics. En outre, les
grandes entreprises obtiennent souvent de
meilleurs résultats en matière d'ESG que les
petites, simplement parce qu'elles ont la
possibilité de mieux rendre compte.*

Vous voulez en savoir plus sur le classement
des agences de notation ESG ?

Visitez ce site :
https://www.sustainability.com//thinking/rate
-the-raters-2020/

Indices ESG

Les agences de notation ESG créent les indices
que les ETF suivent. Outre le fait qu'il existe
plusieurs agences de notation ESG, chacune
de ces agences dispose presque toujours
d'une gamme de différents indices ESG parmi
lesquels les sociétés de fonds peuvent choisir.
L'une des agences de notation les plus

connues, MSCI, dispose déjà de plus de 1 000 (
!) indices ESG.

Par conséquent, il est extrêmement difficile de
comparer les ETF ESG entre eux.

Principe de sélection ESG

Un fonds indiciel ESG effectue généralement
une sélection d'entreprises qui, par secteur,
obtiennent les meilleurs résultats sur les
critères ESG. Il se peut que les entreprises qui
obtiennent de bons résultats sur S et G mais
pas sur E soient incluses dans la sélection.

La plupart des fonds ESG sélectionnent les
entreprises les plus durables par secteur et
n'excluent donc pas de secteurs. C'est
pourquoi on trouve encore des entreprises
pétrolières et gazières dans les ETF ESG.

En termes d'impact sur la durabilité, les
critères ESG peuvent être considérés comme
une forme légère de sélection.

Investissements durables avec des critères ISR

Quels sont les critères de l'ISR ? L'acronyme
ISR signifie "investissement socialement

responsable". Cela va un peu plus loin que l'ESG, en supprimant ou en sélectionnant activement les investissements basés sur des directives éthiques spécifiques. Les critères ISR utilisés peuvent varier considérablement d'un fonds à l'autre.

L'investissement durable grâce à l'investissement à impact

Dans le cas de l'investissement à impact, l'impact positif de l'investissement prime sur le résultat positif de l'investissement. Investir dans une organisation à but non lucratif dédiée à la recherche et au développement en matière d'énergie propre, sans se soucier de savoir si le succès est garanti, en est un exemple.

Le respect des objectifs de développement durable des Nations unies est également parfois utilisé comme critère de sélection dans l'investissement à impact.

Impact sur la durabilité

Si vous voulez contribuer à un monde plus durable avec vos investissements dans des fonds indiciels, il y a deux façons de le faire :

1. Il investit dans des fonds indiciels durables.
2. Investissez dans des fonds indiciels réguliers et utilisez le rendement de vos placements pour financer des objectifs durables en dehors de vos placements.

Performance des fonds durables

Il ne semble pas y avoir de véritable consensus sur la question de savoir si les fonds durables sont plus ou moins performants que les fonds non durables.

Des études montrent que l'investissement d'impact, qui, comme nous l'avons mentionné, est un exemple d'ISR, n'est généralement pas le moyen le plus efficace d'avoir un impact positif avec votre argent. Selon cette étude, vous pouvez augmenter considérablement votre impact sur les causes durables en passant de l'investissement d'impact à l'investissement ordinaire dans le but de faire des dons aux organisations caritatives ou en donnant déjà votre argent directement aux organisations caritatives.

En résumé, lorsque vous investissez dans des ETF, il est important de réaliser que la performance des ETF durables peut différer considérablement de celle des ETF non durables classiques.

Choisir des FNB durables ou non durables

Il est très personnel de choisir ce qui vous convient le mieux. Par exemple, si, pour des raisons morales, vous ne voulez tout simplement pas investir dans des entreprises qui n'opèrent pas de manière durable, votre choix se portera sur les ETF durables.

Vous pouvez choisir d'utiliser une partie du produit de vos investissements pour soutenir des initiatives durables ou sociales sans que le gain financier soit un facteur.

En outre, il est possible de vivre de manière consciente et durable sur plusieurs fronts, par exemple en **conduisant lentement et silencieusement**, en ne remplaçant les vêtements que **lorsqu'ils sont usés** et en utilisant de l'énergie provenant d'un **fournisseur durable**.

Investissement durable : quels fonds choisir ?

Lorsque vous choisissez un ETF durable, la principale chose à prendre en compte est de savoir quelles industries ou quels secteurs vous souhaitez exclure. Plus vous excluez de secteurs, plus votre profil devient durable. Et plus la performance financière de votre fonds est susceptible de différer de celle d'un ETF d'investissement diversifié au niveau mondial, sans concentration spécifique sur les entreprises durables uniquement.

Pratiquement tous les ETF durables excluent d'emblée les industries du tabac, des armes controversées, du sexe et des jeux d'argent, ainsi que les entreprises qui ont commis de graves violations des droits de l'homme ces dernières années. Les fonds ESG à sélection plus légère n'excluent généralement pas l'industrie pétrolière.

Normalement, il y a 6 critères qu'un ETF doit remplir pour être classé comme bon, comme expliqué précédemment dans ce livre.

L'un de ces critères est qu'un fonds doit avoir une taille suffisante. Cela la rend plus efficace et donc moins chère. Elle facilite également les transactions (plus "liquides"), ce qui réduit l'**écart entre l'**achat et la vente. Il est également plus probable que le fonds continue à être stable.

Comme de nombreux ETF durables n'existent que depuis relativement peu de temps, ils sont régulièrement de très petite taille.

Marchés développés et émergents

Il existe une subdivision de FNB durables qui suivent un indice pour les marchés développés (MSCI ou FTSE World Index) et les marchés émergents (MSCI Emerging Markets). En fait, presque tous les ETF durables sont répartis dans cette subdivision géographique.

L'indice MSCI ou FTSE World ne comprend pas les pays émergents (marchés émergents) tels que la Chine. Si vous souhaitez être diversifié à l'échelle mondiale, votre portefeuille doit comporter environ 88 % d'un FNB de marchés développés durables et environ 12 % d'un FNB de marchés émergents durables. Ces pourcentages peuvent évoluer dans le temps.

ETF durables : les meilleurs fonds ?

Que devez-vous rechercher lorsque vous choisissez un FNB durable ? Quels sont les meilleurs FNB durables ?

L'investissement durable est en plein essor. Les millénaires, en particulier, veulent investir de manière durable, contrairement aux investisseurs un peu plus âgés. À titre d'exemple, les États-Unis : les investisseurs un peu plus âgés y détiennent encore aujourd'hui environ 70 % des actifs librement disponibles.

Mais dans les décennies à venir, ils hériteront de tout cela, d'une valeur de quelque 30 000 milliards de dollars, en particulier pour les millennials d'aujourd'hui. Il s'agit de l'**un des plus grands transferts de richesse de l'**histoire.

Que faut-il donc rechercher dans les investissements durables par le biais des ETF ?

Plus d'informations sur un fonds

Si vous recherchez sur Internet le code ISIN figurant dans les aperçus ci-dessus en combinaison avec le mot "fact sheet", vous trouverez généralement immédiatement un aperçu des caractéristiques du fonds.

Coût des fonds indiciels

La composition des fonds étant très différente, les comparer sur le plan des coûts n'a pas beaucoup de sens. Ce qui compte au final, c'est la performance après déduction de tous les coûts. Ceux-ci sont fortement influencés par la composition des ETF.

Cependant, tous les FNB mentionnés ci-dessus ont des coûts relativement faibles. En outre, les fonds Northern Trust, les fonds Actiam et le Vanguard SRI FTSE Developed World II Common Contractual Fund sont les moins affectés par la **fuite des dividendes en** raison de leur statut fiscal particulier.

Risques liés aux investissements en actions

Beaucoup de gens ont peur d'investir dans des actions et voient le risque. Mais en épargnant au lieu d'investir, vous pourriez faire beaucoup plus de mal que vous ne le pensez.

Quels sont les risques liés à l'investissement en actions, comment les réduire, et quels sont les rendements de l'investissement et de l'épargne ?

À court terme, la valeur des actions peut baisser ou augmenter. Nous abordons ci-dessous certains des risques liés à l'investissement en actions.

Qu'est-ce que le risque de prix ?

Le risque de prix est le risque que les actions d'une société perdent de leur valeur lorsque les conditions économiques générales se détériorent.

C'est ce qu'on appelle également le risque de marché. Par exemple, une détérioration du marché peut amener une entreprise à publier de moins bons résultats. Par conséquent, les actions de cette société peuvent avoir une valeur moindre.

Qu'est-ce que le risque de change ?

Le risque de change est le risque que vous courez lorsque vous investissez dans une devise autre que l'euro.

Si vous envisagez d'investir dans des actions, vous pouvez le faire dans différentes devises. Les plus courants sont l'euro et le dollar.

Si vous voulez libérer de l'argent à partir d'investissements en dollars, vous devez tenir compte du taux de change de la devise avec laquelle vous négociez. Le risque de dépréciation d'une devise est appelé risque de change.

Qu'est-ce que le risque de taux d'intérêt ?

Le risque de taux d'intérêt est le risque que la valeur des investissements diminue si les taux d'intérêt du marché augmentent.

L'inverse peut se produire lorsque les taux d'intérêt du marché baissent. En Europe, la BCE a maintenu des taux d'intérêt bas, voire négatifs, ces dernières années. Cela a

contribué à une forte hausse du prix des actions pour les
Européens. La baisse du taux d'intérêt s'est traduite par
une diminution des frais d'intérêt pour les entreprises.
Cela encourage les entreprises à investir et peut
augmenter les bénéfices.

Qu'est-ce que le risque de crédit ?

Le risque de crédit est le risque que l'entreprise dans
laquelle vous investissez manque d'argent pour faire face
à ses obligations.

Cela signifie, par exemple, qu'aucun dividende ne sera
versé sur votre investissement en actions. Ou dans le cas
extrême où l'entreprise fait faillite et que vos actions ne
valent plus rien.

Qu'est-ce que le risque de liquidité ?

Le risque de liquidité est le risque que vous ne puissiez
pas négocier vos actions sur le marché boursier, ou que
vous ne puissiez le faire qu'avec difficulté et à un prix
défavorable. Vos investissements ne sont donc pas
"liquides".

Si vous ne faites pas beaucoup d'opérations en bourse
mais investissez à long terme, vous ne serez pas
facilement confronté à ce risque.

La valeur des actions peut-elle devenir négative ?

Non, les actions ne peuvent jamais avoir une valeur négative. Si une société dans laquelle vous détenez des actions fait faillite, dans le cas extrême, votre investissement peut devenir sans valeur. Mais vous ne devrez jamais payer de supplément dans ce cas.

Quel est le risque de rétention ?

Le risque de garde est le risque que quelque chose ne se passe pas comme prévu dans la garde de vos actions par votre banque ou votre courtier.

Vos actions seront conservées pour vous par votre banque ou votre courtier. Les banques et les courtiers sont tenus de garder les actifs investis de leurs clients séparés de leurs propres actifs. De cette manière, vos actifs resteront les vôtres dans le cas peu probable où la banque ou le courtier ferait faillite.

Si quelque chose ne va pas avec cette garde, le **système d'indemnisation des investisseurs** est là pour vous dédommager jusqu'à 20 000 euros d'actifs investis par banque ou courtier. Mais dans des cas extrêmes, un risque peut subsister, par exemple si vous avez investi plus de 20 000 euros par l'intermédiaire d'une seule partie et que, contre toutes les règles, quelque chose se passe mal.

Qu'est-ce que le risque de contrepartie ?

Si vous détenez un fonds commun de placement composé d'actions individuelles, votre banque ou votre courtier doit détenir ce fonds séparément pour vous, tout comme les actions individuelles. Les actions sous-jacentes du fonds sont alors détenues en dépôt ou mises en dépôt par l'émetteur du fonds. Dans ce dernier cas, la société de fonds court ce que l'on appelle un risque de contrepartie.

Le risque de contrepartie est le risque que la contrepartie, à laquelle le fonds commun de placement a confié la garde des actions sous-jacentes, ne puisse pas remplir ses obligations.

Il existe également toutes sortes de règles strictes à ce sujet, mais on ne peut jamais être sûr à 100 % que tout se passera bien au final.

Que rapportent l'épargne et les investissements ?

L'épargne semble être un moyen stable de conserver votre argent. Mais aujourd'hui, dans de nombreux pays, l'épargne vous garantit un rendement négatif substantiel.

Aujourd'hui, l'épargne rapporte tout au plus quelques dixièmes de point de pourcentage d'intérêt par an si vous la conservez en dépôt pendant une longue période. L'épargne librement retirable ne rapporte généralement plus d'intérêts.

Si vous incluez ensuite un taux d'inflation moyen de 2 à 3 % par an et peut-être l'**impôt sur les plus-values de 0,59 à 1,76 %**, vous arrivez rapidement à un rendement négatif de 4 % par an. Avec un rendement négatif de 4 % par an, investissez 1 000 euros maintenant et il ne vous restera en fait que 442 euros dans 20 ans.

À court terme, la valeur des actions peut baisser fortement ou augmenter. Les rendements peuvent fluctuer fortement à court terme, mais augmenter régulièrement à long terme.

Les fluctuations à court terme font des actions un investissement risqué à court terme. C'est pourquoi la règle générale est souvent de conserver l'argent que l'on veut investir dans des actions pendant au moins 5 à 10 ans.

Historiquement, les investissements en actions rapportent **près de 10 % par** an. Soustrayez 4 % pour l'inflation et l'impôt sur les plus-values et il vous reste un rendement positif de 6 % par an.

Avec un rendement positif de 6 % par an, placez 1 000 euros maintenant et vous aurez 3 207 euros dans 20 ans. C'est une grande différence par rapport aux 442 euros après 20 ans d'épargne.

Personne ne peut vous donner de certitude quant à l'évolution future du cours des actions. Il y aura toujours un risque de perdre (une partie) de votre investissement. Mais que pouvez-vous faire pour limiter les risques d'un investissement en actions ?

Limiter le risque en investissant dans des actions

La chose la plus importante que vous puissiez faire est de répartir vos investissements sur de

nombreuses entreprises et de nombreux pays.
De cette façon, vous réduisez
considérablement la plupart des risques. Cela
peut se faire très facilement aujourd'hui grâce
aux **ETF** ou **fonds indiciels**.

Par le biais d'un seul bon ETF tel que **VWRL ou
VWCE** (Vanguard FTSE All-World UCITS ETF)
ou de certains bons fonds indiciels tels que
ceux de **Northern Trust**, vous investissez dans
des milliers de sociétés à l'échelle mondiale.
De cette façon, vous vous répartissez entre les
entreprises et les régions et réduisez ainsi
l'impact sur la performance de vos
investissements de certaines entreprises ou
pays moins performants.

Lorsque vous distribuez des placements dans
des FNB par l'intermédiaire de certaines
maisons de fonds, vous réduisez le risque de
garde associé au fonds. Il pourrait alors
également être réparti entre les banques et les
courtiers, car une partie du risque de garde
consiste à le réduire.

Rééquilibrage pour un retour sur investissement maximal

Le rééquilibrage peut vous aider à obtenir le meilleur rendement sur votre investissement avec le risque le plus faible.

Pour être un investisseur prospère, vous devez acheter à bas prix et vendre à prix élevé. Les investisseurs qui sont guidés par leurs émotions font souvent exactement le contraire. Ils achètent lorsque le marché est en hausse depuis un certain temps et vendent lorsque le marché est en baisse depuis un certain temps.

Le rééquilibrage vous permet de ne pas laisser vos émotions prendre le dessus et d'acheter bas et de vendre haut.

Qu'est-ce que le rééquilibrage ?

Le rééquilibrage consiste à rétablir la combinaison de placements cible de votre portefeuille de placements lorsque la

combinaison de placements actuelle n'est plus
la même que la combinaison de placements
cible.

Un portefeuille d'investissement présente une
certaine combinaison d'investissements entre
différents fonds, par exemple, des actions et
des obligations.

Comme les placements en actions et en
obligations ne progressent pas au même
rythme, la composition des placements peut
commencer à s'écarter de la composition
prévue. Cela peut être corrigé par un
rééquilibrage.

Le rééquilibrage permet de réduire le risque du
portefeuille et de tirer parti du phénomène
d'inversion de la moyenne.

Inversion moyenne

La théorie du retour à la moyenne suggère que,
tôt ou tard, les rendements des actions
reviennent à leur moyenne. L'indice S&P500 a
eu un rendement moyen de 10 % par an entre
1928 et 2014. Mais certains mois ou années,

ce rendement a été beaucoup plus ou moins élevé que la moyenne.

Ainsi, si nous enregistrons des mois ou des années de performance supérieure à la moyenne, il est probable qu'ils soient suivis de mois ou d'années de performance inférieure à la moyenne. Il en va de même en sens inverse. Les rendements reviennent à leur moyenne.

Calendrier du marché

Nombreux sont les investisseurs qui pensent pouvoir prédire quand les prix vont baisser ou monter. Cela s'appelle le market timing. Les investisseurs qui tentent d'anticiper le marché ont tendance à compromettre leurs rendements. Ils achètent généralement lorsque les prix sont déjà en hausse. Et ils vendent, souvent dans la panique, alors que les prix sont déjà en baisse. C'est mortel pour vos retours.

Market timing et l'indice S&P500

Le rendement de l'indice S&P 500, le plus célèbre du monde, sur la période 1996-2010, a été déterminé par seulement 10 jours, qui ne peuvent être prévus à l'avance. Si vous n'aviez pas investi pendant les 10 jours où les prix ont le plus augmenté, votre rendement n'aurait pas été en moyenne de 6,7 % par an, mais seulement de 1,88 %. Si vous n'aviez pas investi pendant les 60 meilleurs jours du marché boursier, vous auriez même eu un rendement négatif. Ces journées uniques de fortes hausses et baisses des prix ne sont pas prévisibles.

Combien et à quelle fréquence faut-il rééquilibrer ?

Disons que vous avez 50 % de la valeur de votre portefeuille investi en actions et 50 % en obligations, exactement comme vous le souhaitez. Si les cours des actions augmentent un peu maintenant, vous pouvez, par exemple, avoir 51 % de la valeur de votre portefeuille en actions et 49 % en obligations. Ainsi, vous n'aurez pas à procéder à un rééquilibrage immédiat. Les coûts de transaction peuvent donc peser relativement lourd sur votre rendement.

Rééquilibrage annuel

Le moyen le plus simple d'éviter un rééquilibrage excessif est sans doute de procéder à un rééquilibrage annuel. Il s'agit d'une méthode très simple, mais l'inconvénient est qu'au cours de cette période, beaucoup de choses peuvent changer sur les marchés volatils d'aujourd'hui.

Rééquilibrage du seuil

Une autre solution consiste à rééquilibrer lorsque la distribution diffère de la distribution souhaitée de plus de 5 %, par exemple. Dans notre portefeuille 50-50, cela signifie que vous devez rééquilibrer lorsque la valeur de la part des actions ou des obligations constitue plus de 55% de votre portefeuille. Un seuil de 5% est souvent recommandé.

Rééquilibrage à l'insertion

Vous pouvez investir mensuellement lorsque votre salaire est versé. À ce moment-là, vous pouvez le faire avec le fonds le moins performant.

Il s'agit également d'un léger rééquilibrage. Acheter contre le sentiment, c'est-à-dire le fonds qui a la plus mauvaise performance.

Mais c'est exactement ce que vous devez faire du point de vue de l'inversion de la moyenne. Avec cela, vous achetez toujours relativement bas.

N'oubliez pas que les marchés en hausse ne sont pas éternels et que les retournements de tendance sont très puissants. Les marchés en mouvement nécessitent un rééquilibrage. Et votre réussite à long terme sera déterminée par la discipline, le contrôle des risques et l'achat à bas prix/la vente à prix élevé.

Risques généraux d'investissement

Avec un investissement en actions, vous courez plus de risques à court terme qu'avec un investissement en obligations. La valeur des actions peut soudainement chuter de plusieurs dizaines de points de pourcentage. Les obligations fluctuent beaucoup moins en valeur et offrent donc stabilité et sécurité. À long terme, cependant, les actions offrent un rendement plus élevé pour le risque pris.

La proportion dans laquelle vous incluez des actions et des obligations dans votre portefeuille est principalement déterminée par la durée pendant laquelle vous souhaitez conserver vos investissements (votre horizon d'investissement) et votre goût du risque.

Votre horizon d'investissement détermine le degré de risque que vous pouvez prendre. Plus votre horizon d'investissement est long, plus vous pouvez prendre de risques.

Mais il ne s'agit pas seulement du risque que vous pouvez prendre, mais aussi du risque que vous êtes prêt à prendre. En d'autres termes, quelle est la perte maximale acceptable dans de mauvaises conditions boursières que vous pouvez subir sans vendre des actions dans la panique. C'est ce qu'on appelle votre goût du risque.

Pour un débutant, il est probablement sage de prendre un peu moins de risques que pour un investisseur confirmé. Après tout, un débutant ne sait pas encore comment il va réagir à une chute brutale de la bourse. Comme indiqué, l'astuce consiste à ne pas vendre vos investissements. Au lieu de cela, vous devez vendre des obligations et acheter plus d'actions afin de revenir au ratio actions/obligations prédéterminé.

John Bogle, l'un des fondateurs de Vanguard, a utilisé la règle empirique selon laquelle vous devriez avoir autant d'obligations dans votre portefeuille que vous avez d'âges. Ainsi, une personne âgée de 30 ans devrait avoir 30% d'obligations dans son portefeuille.

Insertion et rééquilibrage automatiques

Si vous trouvez fastidieux de décider vous-même dans quoi investir chaque mois, vous

pouvez aussi faire en sorte que les fonds
soient déposés automatiquement pour vous.

Rendement des investissements

Le coût de l'investissement détermine en grande partie votre rendement à long terme. Un surcoût de seulement 0,1 % par an garantit qu'après 30 ans, vous ne perdrez pas 30 * 0,1 % = 3 % de rendement, mais 21 % ! Voir la section "Faibles coûts" dans le post **Choisir des fonds indiciels, 6 points à surveiller** pour une explication.

Investir aujourd'hui peut se faire à un coût extraordinairement bas. Par l'intermédiaire de diverses plateformes, il est par exemple possible d'investir sans frais de transaction ou de garde dans le fonds Vanguard FTSE All-World UCITS ETF (VWRL) mentionné plus haut, diversifié au niveau mondial.

Quel est le bon moment pour acheter des actions ?

Si vous voulez commencer à investir, vous obtiendrez généralement le meilleur rendement à long terme si vous déposez tout en une seule fois. Même lorsque les marchés boursiers sont apparemment élevés, il est généralement plus rentable à long terme d'investir que d'attendre que la bourse ait chuté.

Si vous avez investi, il est sage de ne pas regarder en arrière. Vous ne serez donc pas tenté de vendre si les prix baissent. Et c'est la principale raison pour laquelle les gens subissent des pertes lorsqu'ils investissent.

Comme nous l'avons déjà dit, l'astuce consiste à ne pas vendre pendant les baisses des marchés boursiers mais à rééquilibrer. Car après avoir vendu, vous manquez presque certainement la reprise qui suit toujours.

Un dicton dit que le temps sur le marché est plus important que le timing sur le marché.

Vendez !

Le prix des actions est élevé. Devrais-je investir maintenant ? Et puis tout d'un coup ou par étapes ? Ne serait-il pas préférable de prendre des bénéfices maintenant et de vendre ?

Une bonne stratégie consiste à acheter et à conserver, tout en procédant à un léger rééquilibrage, indépendamment des nouvelles. Et continuez à en mettre constamment dès que l'argent est disponible.

A long terme

Il est important de comprendre que vous ne devez commencer à investir dans des actions que si vous le faites à long terme. Quelque chose comme 10 ans. Le marché boursier est si volatile que si vous investissez à court terme, vous pouvez trop souffrir d'une chute brutale et temporaire.

À long terme, la tendance est principalement déterminée par la croissance réelle des entreprises sous-jacentes et moins par la spéculation à court terme, qui est à l'origine des violentes fluctuations de prix.

La croissance de l'économie mondiale est robuste et suit une tendance à la hausse depuis de nombreuses années. La crise de 2008 n'a été qu'une vaguelette.

Sortie temporaire ?

Si seulement le market timing était aussi facile, tout le monde le ferait. En fait, essayer de chronométrer le marché est la principale raison pour laquelle de nombreuses personnes ne réussissent pas à investir.

De nombreux investisseurs expérimentés ont appris par essais et erreurs lors de la crise de 2008 qu'il valait mieux rester sur place pendant une crise que d'en sortir temporairement.

Le rendement de l'indice S&P 500, le plus célèbre du monde, sur la période 1996-2010, a été déterminé par seulement 10 jours, qui ne peuvent être prévus à l'avance. Si vous n'aviez pas investi dans le S&P 500 pendant les 10 jours où les prix ont le plus augmenté, votre rendement n'aurait pas été en moyenne de 6,7

% par an, mais seulement de 1,88 %. Si vous n'aviez pas investi pendant les 60 meilleurs jours du marché boursier, vous auriez même eu un rendement négatif.

Ces journées uniques de fortes hausses et baisses des prix sont impossibles à prévoir. Acheter et conserver au lieu d'essayer d'entrer et de sortir au "bon moment" est donc un jeu d'enfant.

Le prix des actions ne continue pas à augmenter, n'est-ce pas ?

Les choses ne sont jamais aussi simples qu'elles le semblent et l'avenir ne peut jamais être prédit. Il se pourrait que, malgré la hausse du marché ces dernières années, nous soyons à nouveau confrontés à un puissant rallye boursier.

Un tel marché en hausse est également appelé **marché haussier**. Personne ne peut le prédire. Historiquement, la hausse de ces dernières années n'a pas été aussi spectaculaire.

Personne ne peut garantir que le marché va baisser ou monter. Mais le marché *peut* continuer à monter.

Déposer une grosse somme d'argent en une seule fois ou l'étaler dans le temps ?

En tant qu'investisseur (débutant), pour limiter le risque de perte due à une chute soudaine des prix, vous pouvez répartir un dépôt unique et plus important sur plusieurs mois, par exemple.

Toutefois, pour les investisseurs un peu plus expérimentés, il est généralement plus rentable d'effectuer directement ce dépôt en une seule fois.

100% des parts ?

Il peut être tentant d'investir à 100 % en actions dans ce marché haussier. Toutefois, l'important est de garder la tête suffisamment froide pour ne pas vendre dans la panique dès que le marché commence à baisser de manière significative. Tôt ou tard, cette chute se produit toujours.

Le truc, c'est de ne pas sortir. Car cela est désastreux pour vos rendements, car il est pratiquement impossible de sortir au bon moment et d'entrer au bon moment. D'ailleurs,

le marché se redresse toujours. C'est pourquoi
l'horizon à long terme est si important.

Piliers de la stratégie d'investissement

L'auteur et l'éditeur de ce livre ne sont pas des conseillers professionnels. Vous restez seul responsable de tout préjudice que vous subissez en suivant les conseils ou en suivant les informations de ce site. Les informations contenues dans ce livre comprennent l'opinion personnelle de l'auteur ; il ne s'agit pas de conseils d'investissement et leur but est uniquement informatif et éducatif. Avertissement : Investir comporte des risques, vous pouvez perdre votre dépôt (en partie).

3 piliers

1. Gardez toujours une réserve d'argent pour les urgences

2. Investir dans des fonds indiciels à imposition différée

3. investir dorénavant dans quelques fonds indiciels différents et dans une échelle de dépôts auprès de divers fournisseurs.

Conclusion

Lorsque vous commencez à investir, il est important de comprendre ce que vous faites. Si vous ne comprenez pas un investissement, il est préférable de l'ignorer.

Les articles mentionnés ci-dessus vous permettront peut-être de commencer à acquérir des connaissances de base sur les investissements en actions et en obligations. Une activité très probablement lucrative si vous l'utilisez à bon escient !

Jargon

Les termes "dollar-cost averaging" (DCA) et
"lump-sum investment" (LSI) : DCA signifie que
vous placez votre argent en portions égales
réparties dans le temps. LSI signifie que vous
placez votre argent en une seule fois.

FAQ

Quelle est la meilleure façon de commencer à investir ?

Investir dans de bons fonds indiciels ou des ETF largement diversifiés est généralement la meilleure solution.

L'investissement est-il risqué ?

À court terme, il y a une forte probabilité de fluctuations importantes des prix. À long terme, la possibilité d'obtenir des rendements positifs grâce aux investissements a toujours été très élevée. Beaucoup plus élevé qu'avec des économies.

Quelles catégories d'ETF durables existent ?

Au sein des ETF durables, il existe plusieurs catégories. Il existe des fonds dits ESG, des fonds ISR et des investissements à impact.

Quels sont les meilleurs FNB durables ?

Cela varie en fonction de la catégorie de durabilité.

www.ingramcontent.com/pod-product-compliance
Lightning Source LLC
Chambersburg PA
CBHW070911160726
48004CB00003B/1325